PAPIER FRESSERCHEN

MTM-VERLAG

DIE BÜCHER MIT DEM DRACHEN

Impressum:

1. Auflage 2018
ISBN: 978-3-86196-801-6

Originalausgabe erschienen 2012 bei Papierfresserchens MTM-Verlag
Fotografie und Digitalisierung der Originalbilder: Thorsten Vallender

Sarah
und die Blätter

Monika Natzke
(Text)

Ilse Jung
(Illustrationen)

Ein Blatt
im Wind.
Schau hin,
mein Kind.

Ein buntes Blatt,
es zittert leise,
wartet auf
die Winterreise.

Ganz leicht.
Es schwebt
zur Erde
und vergeht.

Gibt dem
Boden Kraft,
der wieder
neues Leben schafft.

(Ilse Jung)

Sarah weinte.

Sie war sechs Jahre alt und das traurigste kleine Mädchen,
das man sich denken konnte.

Sie war gerade von der Beerdigung ihrer Großmutter
zurückgekommen, die sie furchtbar lieb hatte.
Sarah konnte nicht begreifen, dass
sie ihre Großmutter nie wiedersehen sollte.

Das Schlimmste aber war:
Sie konnte sich das Gesicht ihrer
Großmutter nicht mehr vorstellen.

So saß sie auf der Wiese und wollte
gar nicht mehr aufhören zu weinen.

Plötzlich hörte Sarah Stimmen.

Sie schaute auf, doch es war niemand zu sehen.

Ihre Eltern konnten es nicht gewesen sein, denn sie waren mit der Trauergesellschaft im Haus.

Sarah sah sich um und hörte die Stimmen wieder.

Sie kamen von der großen Eiche über ihr.

Es waren die Blätter!

Sie raschelten im Wind und sprachen zueinander.

Sarah verhielt sich ganz still und hörte dem Gespräch der Blätter zu.

„Mama", sagte ein kleines Blatt, „was passiert, wenn wir im Herbst von den Bäumen fallen? Sind wir dann einfach nicht mehr da? Ich habe gehört, von dort unten ist keiner wieder zurück auf den Baum gekommen."

„Mama, ich möchte nicht, dass wir herunterfallen. Ich will für immer mit dir hier am Zweig hängen bleiben."

Die Blattmutter lächelte ihrem Kind zu.

„Irgendwann", sagte sie, „werden wir alle einmal herunterfallen. Das eine Blatt früher, das andere später. Daran kann niemand etwas ändern.

Aber vorher werden wir alle noch schön bunt, bis wir uns langsam lösen und zur Erde schweben.
Wir müssen den jungen Blättern, die im Frühling kommen, Platz machen, sonst passen sie nicht auf den Baum."

„Aber unten auf der Erde treffen wir uns alle wieder. Mit der Kraft, die in uns steckt, gehen wir in den Erdboden und werden so zu Nahrung für unseren Baum, damit er neue Blätter hervorbringen kann.
Das ist der Kreislauf der Natur."

Das kleine Blatt schwieg eine Weile, dann sagte es: „Also sind wir gar nicht für immer weg, wir kommen nur auf eine andere Weise wieder?"

„Ja, so ist es", sagte die Mutter und dann schwiegen sie beide.

Die kleine Sarah schwieg auch.
Ihr gingen so viele Gedanken
durch den Kopf.

Sollte es bei den Menschen ähnlich
sein?
Mussten die Alten gehen, um den
Jungen Platz zu machen?
Ja, so musste es sein.

Sie schloss die Augen und sah jetzt wieder das Gesicht ihrer Großmutter vor sich, wie sie Sarah liebevoll anlächelte.

Eine kleine Träne rann aus Sarahs Auge. „Oma", sagte sie leise, „ich werde dich nie in meinem Leben vergessen und du wirst immer bei mir sein."

Dann stand sie auf und ging zu ihren Eltern ins Haus, um ihnen zu sagen, dass sie nicht mehr ganz so traurig sein müssen.

Auch wenn sie Oma nicht mehr sehen konnte, war sie in ihrem Herzen und ihren Gedanken immer bei ihr.

Lesetipp

Lesetipp für Erwachsene, die Kindern diese Geschichte vorlesen und dazu die Bilder betrachten:

Wenn Kinder um einen geliebten Menschen trauern oder ein geliebtes Tier verloren haben, brauchen sie, wie Erwachsene auch, eine liebevolle Zuwendung und viel Verständnis.
Ihre Ängste und Fragen sind sehr ernst zu nehmen.

Dieses Bilderbuch bietet die Möglichkeit, eine für Kinder verständliche Erklärung für das Sterben zu geben.
Es beschreibt einfühlsam das Werden und Vergehen im Kreislauf der Natur. Dies geschieht mit einer Geschichte über den Lebenslauf der Blätter eines Eichenbaums.

Immer wieder kann das Kind leicht Vergleiche zum menschlichen Leben und zu seiner eigenen Situation ziehen.

Es steht jedoch nicht die Trauer im Vordergrund, sondern der Blick richtet sich auf das Weiterleben und die mögliche Existenz in einer anderen Form.

Die warmen und weichen Farben der Pastellbilder vermitteln das Gefühl des Aufgehobenseins und führen zur Ruhe und Ausgeglichenheit.

Das Buch eignet sich besonders für Vorschul- und Grundschulkinder. Es sollte möglichst in einer ruhigen Atmosphäre betrachtet werden, in der auch Zeit ist, Gespräche zu führen.

Ilse Jung

Die Autorin

Monika Natzke, geboren 1964 in Duisburg, arbeitet als Service-administratorin bei einem IT-Dienstleister.
Sie ist verheiratet und hat einen Sohn.

Sie schreibt Geschichten für Kinder und arbeitet momentan an einem Jugendroman.

Die Illustratorin

Ilse Jung, geboren 1948 in Duisburg, lebt in Duisburg-Baerl.
Sie ist selbstständig und freiberuflich tätig und betreibt eine eigene Musikschule. Sie ist Gründerin der Band STILL ALIVE, Bassistin, Flötistin und Texterin der Band, mit der sie regelmäßige Auftritte hat.

Sie schreibt Lyrik, Kinderlieder und Songtexte und malt in verschiedenen Techniken. Ihr Arbeitsschwerpunkt ist die Verbindung von Malerei und eigenen Texten.

Printed in Poland
by Amazon Fulfillment
Poland Sp. z o.o., Wrocław

89822341R00018